I0489977

www.ingramcontent.com/pod-product-compliance
Lightning Source LLC
Chambersburg PA
CBHW071300220526
45468CB00001B/209
9781723942211